Au Pays!

RÉFORME ÉLECTORALE.

cinq millions

DE VOTES HIÉRARCHIQUES.

IMPRIMERIE D'ÉD. PROUX ET Ce,
3, rue Neuve-des-Bons-Enfans.

Au Pays !

RÉFORME ÉLECTORALE.

cinq millions

DE VOTES HIÉRARCHIQUES

ÉMANÉS

DE CINQ DIVISIONS ADMINISTRATIVES, OU COLLÉGES ÉLECTORAUX
DE LA PROVINCE, A PARTIR DE LA COMMUNE.

Par P. H. B.

> Long-temps j'ai cru, Socrate, devoir rire
> De ton démon familier:
> Pourtant le mien, je ne puis le nier,
> M'a dicté ce fatras que je n'ai fait qu'écrire.

1 FRANC 25 CENT.

PARIS.

RAYMOND, LIBRAIRE, 14 BIS, RUE RICHELIEU;

DE SAINTE-URSULE, LIBRAIRE, 3, RUE DE BOURGOGNE,
Vis-à-vis la Chambre des Députés.

1840.

RÉFORME.

AVANT-PROPOS.

> *Amicus Plato, Amicus Aristoteles, sed
> magis amicæ veritas et patria.*

> Qu'on dise ce qu'on voudra, les lois sont
> impuissantes à maintenir le bon ordre,
> soit public, soit particulier; tout dé-
> pend de la religion et des mœurs.
> (*Morale de saint Augustin*, 1ᵉʳ vol., p. 245.)

Mais comment rétablir les bonnes mœurs et la vraie religion chez un peuple déjà vieilli dans les révolutions ?

L'excès de la civilisation, faussant chez lui l'instinct moral et les lumières acquises, ne laisse plus dans les cœurs et les esprits, long-temps jouets ou victimes de déceptions politiques et réformatrices, que le plus éhonté des sentimens, l'*individualisme*.

Les Juifs, les Grecs et les Romains ont eu dans leurs chefs des législateurs qui leur ont donné, imposé des institutions adaptées à leurs mœurs, à leurs besoins ; mais ces peuples étaient à leur enfance : et quelles mœurs, quels besoins que ceux de la France ! Quelles institutions que celles qui n'auraient que de telles bases ! Il faut, au contraire, que ce soit de nouvelles institutions qui fassent naître chez elle des mœurs, des intérêts et des besoins nouveaux.

Faut-il pour cela de nouvelles catastrophes, la main de fer d'un nouveau conquérant ? Non, mais l'observance et la conviction nécessaires aux progrès toujours lents d'institutions nouvelles ; et, pour les créer, l'étude sérieuse non seulement du caractère national, mais de l'homme, ce petit univers, dit Pascal, le type des hiérarchies sociales.

Heureusement la France, qui, par ses quinze siècles d'existence et l'orgueil de ses lumières, offre tant d'obstacles à rectifier ses institutions, *où il y a plus que quelque chose à faire*, est dans une position toute spéciale.

Fatiguée, désillusionnée en innovations politiques et religieuses, elle sent son malaise, cherche le vrai, aspire à sa régénération, et fait un appel au patriotisme de ses enfans.

Qu'une autorité légitime ou compétente lui présente un code rationnel, où les devoirs et les droits de tous soient hiérarchiquement constitués, et semblables au corps humain où les membres et tous les organes, chacun, sans chocs, sans rivalité, quelle que soit son importance, contribuent dans leur fonctionnement obligé au bien du tout, on verra les Français amenés à fonctionner aussi naturellement dans l'intérêt général.

Et pourquoi rire de ce système hiérarchique que je fais la base du système social ? N'est-ce pas celui de la nature dans ses lois, de la création dans sa coordonnance ?

Ce que n'a pu exécuter le noble cœur de l'infortuné Louis XVI ; ce qui n'entrait sans doute pas dans les vues de Napoléon, ou dans l'esprit de Louis XVIII ; ce qui eût peut-être légitimé 1830, un remaniement social, une régénération virtuelle ! Pourquoi, pendant ces dix dernières années, au milieu de tâtonnemens furtifs, de déceptions et de desseins avortés, un prince, dont la longue expérience, les connaissances profondes, les sentimens individuels et les vertus privées sont incontestés, n'a-t-il osé, n'a-t-il pu aborder royalement cette œuvre de législateur ? Personne, autre en France, n'était plus en position, malgré sa position même, de prendre cette glorieuse et salutaire initiative. Mais puisque, par impuissance ou par conscience, il n'en peut mais..., dans la crise imminente où l'État et lui se trouvent par les conséquences inévitables d'un faux principe gouvernemental, il faut qu'un congrès national, expression, non d'une fraction quelconque de la population, encore moins des trois partis que la *Gazette* du 25 octobre dit représenter la France, et être la France, mais fusion la plus vraie possible des intérêts de tous, rende à la France puissance et considération.

Puissance, qui lui donne le droit de dire à l'étranger, comme le Créateur à l'Océan : *Tu n'iras pas plus loin.*

Considération, en lui donnant des institutions qui la ramènent, tôt ou tard, à la moralité, première puissance des États.

Le légitimiste invoque la déclaration du 30 juin du Roi-martyr, derrière laquelle il se retranche. J'en adopte aussi l'esprit ; mais les luttes désastreuses entre le pouvoir et la constituante, la législative et la convention, n'en ont-elles pas assez prouvé les défectuosités ou l'insuffisance ?

Qu'est devenu, sous l'Empire et en 1830, le système de pondération que l'on s'est vu obligé de lui substituer ? L'un des trois pouvoirs ne doit-il pas tôt ou tard absorber les deux autres ! Quel est aujourd'hui celui qui nous gouverne ? Et de quel nom gratifier les nécessités misérables qui le maintiennent à peine sur le bord de nouveaux précipices ?

La réforme donc ! la réforme ! crie-t-on de toutes parts.

Dans ce pays où depuis cinquante ans les mots ont tant de pouvoir, je conçois tout ce que ce mot a de magique ; mais je conçois aussi la répugnance que, dans son énonciation isolée, la réforme peut inspirer ; et j'en appelle à tout Français, pénétré sérieusement de la matière : trouve-t-il en elle seule, bornée au système électoral actuel, la vraie panacée qui doive guérir l'État de tous ses maux ? Quand l'édifice menace de toutes parts, est-ce seulement de la réparation d'un de ses entablemens qu'il faut s'occuper ?

Rendre à tous les contribuables, à tout Français, majeur même, le droit de vote, est de toute raison, de tout droit ; mais quand cinq cents députés seront nommés par des millions de citoyens, à un ou plusieurs degrés, si les mœurs sont toujours les mêmes, si le mode y donne toujours lieu, la convoitise ou la déception en auront-elles moins d'alimens ?

Sera-t-elle, cette réforme, un progrès, comme on l'entend, de démocratie, de radicalisme, une accélération de mouvement ? Dieu nous en préserve ! La France a eu bien assez de ces mouvemens, de ces progrès !

Sera-t-elle une continuation du monopole bourgeois ? Voyez où il a mis le prince et l'État, où il s'est mis lui-même ! Ce n'est pas après une telle réforme que la France aspire ; elle aspire à reprendre son rang dans l'Europe, à la fixité, à l'apaisement des convoitises et d'ambitions abjectes qui, déplaçant toutes les classes, minent tous les cœurs, toutes les intelligences, et pervertissent de plus en plus les mœurs nationales.

Les moyens, les moyens ! crie-t-on alors.

Rien de plus simple. Un mot, une réserve, dans

une institution fondamentale, suffisent pour avoir sur les mœurs d'un pays une influence heureuse et régénératrice.

La France ne manque pas de bonnes lois ; ses codes sont justement appréciés de toute l'Europe. Je ne parlerai pas de toutes ces chartes purement réglementaires, espèce de feuilles de la sibylle que l'on ne consulte que pour les interpréter à sa guise ; mais il lui manque un rudiment complet de droit commun qui, pour les réserves et les restrictions dont je parle ci-dessus, pourrait devenir pour chaque citoyen une espèce de catéchisme politique. Voilà pour les mœurs.

Quant aux moyens d'apaisement de convoitises et d'ambitions individuelles, j'en crois voir un simple et facile qui, sans perturbation, sans innovation dangereuse, me paraît pouvoir conduire à ce but désirable, et qui n'en aura aussi que plus d'influence sur l'amélioration des mœurs. Le voici :

Établir une classification respective et uniforme :

1º. De toutes les hiérarchies, à partir de la commune ;

2º. De toutes les fonctions publiques et de leurs rétributions par communes, cantons, arrondissemens, départemens et provinces ; lesquels provinces, départemens, auront aussi tous et par conséquent les mêmes divisions de territoire et de population par tout le royaume. (Voir les articles et tableaux ci-après.)

Cette uniformité générale, qui ne demande qu'un léger changement dans les délimitations territoriales, n'offrant *ailleurs* aux capacités, aux ambitions, que les mêmes avantages qu'elles trouveront dans leurs localités provinciales, les amènera à s'y fixer.

D'après ce mode, celui de la formation des hiérarchies et des élections hiérarchiques, depuis la commune jusqu'aux sommités gouvernementales, le besoin de l'estime de ses administrés devenu plus puissant, les habitudes sédentaires et la pratique des vertus domestiques pourront, à la longue, ramener le Français à l'esprit d'ordre, à l'amour positif et vrai du pays, et naturellement à la religion, source première des bonnes mœurs, et partant de la puissance et du vrai bonheur des peuples, motif de mon épigraphe.

GOUVERNEMENT.

Le gouvernement de la France est, suivant la loi salique, le monarchique, dans toute l'acception du mot *monarchie*, ayant toutefois, pour bases, des hiérarchies générales ainsi résumées :

Hiérarchies sociales,
— locales,
— gouvernementales,
Et des conseils émanés de ces hiérarchies.

DIVISIONS TERRITORIALES.

La population de la France roulant de trente-trois à trente-quatre millions d'habitans, la France sera divisée en provinces comportant chacune un million d'habitans.

Ne visant dans cet essai à aucune innovation inutile ou dangereuse, pour conserver autant que possible les limitations établies, chaque province sera composée du nombre de départemens, d'arrondissemens, de cantons et de communes, nécessaire au complément de son million de population.

Cinquante ans de suppression n'ayant pu détruire les souvenirs d'affinités établies entre les provinces par les seules dénominations, elles reprendront, autant que possible, leurs anciens noms de Normandie, Picardie, Bourgogne, etc.

Les départemens conserveront les leurs, et, le plus possible, leurs subdivisions par arrondissemens, cantons et communes.

DIVISIONS

DE LA PROVINCE ET LEUR POPULATION.

		Habitans.
La province,		1,000,000
10 Intendances ou Préfectures, chacune de	100,000	d°
50 Sous-Intendances ou arrondissemens, chacun de	20,000	d°
100 Cantons, chacun de	10,000	d°
1,000 Communes, chacune de	1,000	d°

De même que, pour compléter les mille habitans de la commune, il y aura, suivant les localités, agglomération de nombre suffisant de hameaux, villages ou bourgs ; de même, dans les communes populeuses, il y aura, au besoin, subdivisions par vingt mille, dix mille et mille habitans, dont les votes, aux élections, s'harmoniseront avec ceux de la province.

Paris, par exemple, subira les subdivisions d'une province.

Ainsi la province aura dans

son ressort	10 départemens ;
Chaque département	5 arrondissemens ;
Chaque arrondissement	2 cantons ;
Chaque canton	10 communes.

CLASSEMENT DES COLLÉGES
OU DEGRÉS ÉLECTORAUX.

Sur ces cinq divisions territoriales sera basé le classement des degrés ou colléges électoraux,

SAVOIR :

1er Degré	La Commune,	Citoyens actifs ;
2e —	Le Canton,	Candidats à l'électorat ;
3e —	L'Arrondiss.,	Electeurs ;
4e —	Le Départem.,	Eligibles ;
5e —	La Province,	Elus.

Il y aura dans chaque collége depuis un jusqu'à trois commissaires royaux, qui auront droit consultatif et de contrôle sur le cadastre, les budgets, les actes administratifs et de dépenses locales, qui devront avoir leur sanction, sauf appel, en cas de dissension, à l'autorité immédiatement supérieure. Sur trois commissaires, la sanction de deux sera suffisante.

RÉSIDENCES.

Le chef-lieu de la Province sera la résidence :
1° Du conseil supérieur de la Province ;
2° Du Gouverneur et de son conseil privé ;
2° De l'Archevêché ;
4° Des sommités de toutes les hiérarchies et administrations publiques, et de leurs cours ou conseils supérieurs, avec lesquels correspondront hiérarchiquement tous les conseils subsidiaires.

RELIGION.

L'immense majorité des Français suivant la religion catholique, apostolique et romaine, cette religion sera essentiellement reconnue pour être celle de l'État.

Toutes les sectes qui en dérivent et les autres croyances ne seront que tolérées civilement ; leurs frais de culte et leurs ministres seront à leur charge.

En conséquence, pour prévenir dans l'Etat toute

dissension et toute influence dangereuse, devront être catholiques, et le prouveront autant que possible dans les cérémonies publiques ;

Le chef de l'État ;

Les membres mâles, surtout de sa famille ;

Tous les fonctionnaires des hiérarchies gouvernementales.

Toutes les sommités des autres hiérarchies administratives et fonctions publiques devront être aussi catholiques-nés, ou depuis cinq ans d'une abjuration publique, et n'être auteur d'aucun écrit ni discours publics, attentatoires aux dogmes de ce culte.

Dans chaque province, à moins de l'assentiment unanime de la hiérarchie dont ils feront partie, la préférence ne pourra être donnée dans une concurrence, pour un emploi quelconque, à un dissident sur un catholique ; il en sera de même en fait de moralité.

Le père de famille, l'époux légitime, l'homme de bonnes mœurs publiquement reconnues, l'emportera, à mérite égal, sur le célibataire ou tout autre concurrent hors des voies légitimes ; et dans ce cas, les votes devant être secrets, les consciences ne peuvent être égarées ou influencées.

Je ne me dissimule pas que, dans ce siècle de lumières et d'indépendance, on ne crie à l'intolérance contre ce chapitre ; j'y ai beaucoup réfléchi, et j'y persiste, parce qu'il est conséquent. Sans entrer ici dans une dissertation trop longue, l'exemple fait beaucoup en cette matière. Le peuple, dans son bon sens, a pu cesser de croire vraie et divine la religion catholique, quand il a vu ses chefs se dispenser d'assister à ses cérémonies publiques, ou y figurer de ses détracteurs connus, ou des dissidens. Pourquoi autoriser l'hypocrisie à lui donner ces scandales ? Quant aux autres, je ne doute pas qu'à la longue l'intérêt seul ne les ramène à la conviction.

LIBERTÉ DE LA PRESSE.

Après la religion, j'aborde la presse, cet autre ministère si puissant de notre époque qui, de ses tribunes publiques, exerce un si grand empire sur les esprits et les passions.

Malgré l'abus qu'elle en peut faire, elle doit être *illimitée*, parce qu'elle-même, mieux qu'aucune loi coërcitive, peut neutraliser le mal qu'elle aura produit.

En conséquence, toute feuille publique devra, si elle en est requise, insérer dans un de ses plus prochains numéros, sauf sa réplique, toute improbation, toute réfutation d'un article quelconque émis par elle.

De plus, si son droit de publicité est imprescriptible, le droit commun ne l'étant pas moins, à défaut de poursuite de la part de la police ou de l'autorité, il sera libre à qui que ce soit, toutefois sous sa responsabilité, de prendre fait et cause d'un article imprimé qu'il croira attentatoire à la morale, aux institutions publiques, et même à des intérêts privés de telle classe que ce soit.

A la cinquième condamnation judiciaire, le journal pourra être suspendu pendant un laps de temps qui ne pourra être moins de quinze jours, et les rédacteurs responsables pourront, suivant la gravité des cas, être passibles des art. 7 et 8 du chapitre *Droit commun*.

INSURRECTIONS POPULAIRES.

D'après le principe moderne de souveraineté, dont les partis ont imbu le peuple pour en exercer les droits en son nom, l'insurrection, non comme le plus saint des devoirs, mais comme conséquence plus ou moins légitime d'un principe, ne sera pas criminelle.

Or, le peuple ne pouvant exercer par lui-même cette prétendue souveraineté, étant obligé d'en déléguer les droits et la puissance, d'autres moyens légaux doivent lui être donnés de manifester ses plaintes et ses sujets de mécontentement.

Une fois ces moyens établis, c'est à ses risques et périls qu'il se livrera à l'insurrection ; et toute autorité, après trois sommations aux insurgés de se dissoudre et de rentrer dans l'ordre, pourra, devra même employer la force à cet égard, sans être responsable en aucune manière des malheurs qui pourront en résulter ; mais aussi sans poursuivre ni punir les délinquans, à moins que ce ne soient les auteurs ou instigateurs, livrés par les insurgés eux-mêmes désabusés.

IMPOTS ET CONTRIBUTIONS.

Dans les dix communes formant un canton, d'après le cadastre, les derniers rôles de cotisation et les débats qui ont pu s'ensuivre, chaque commune, en présence du commissaire royal, arrête et fixe son budget local et sa part au budget de la province.

Le canton, après les avoir sanctionnés, s'il y a lieu, renverra une de ces deux copies à chaque commune, joindra l'autre à ses deux propres budgets dressés sur les mêmes erremens, et les enverra à son arrondissement.

Même marche pour l'arrondissement, le département et la province qui transmettra les siens à la chambre des députés. On pourrait suivre la même filière dans les hiérarchies gouvernementales ; mais, pour abréger le temps que nécessiterait cette opération purement de forme, le roi ou le sort désigne une des trois chambres où une ou plusieurs séances *ad hoc* et générales auront lieu, et auxquelles assisteront, par commissions nommées par leur président, les deux chambres non désignées, le conseil du roi, la cour des comptes et le ministre des finances.

Tous les budgets provinciaux étant dépouillés, s'il ne se trouve pas de réclamations assez importantes pour le suspendre, procès-verbal dressé du tout ainsi que du chiffre qui en résultera, et signé du président de la chambre, ainsi que d'un des membres des commissions adjointes, sera adressé à la sanction de Sa Majesté, et transmis définitivement au conseil suprême, qui en proclamera l'importance et lui donnera force de loi, comme émanant du vœu libre de la nation.

Cette opération terminée, l'impôt sera constitué pour quinze ans, et elle n'aura plus lieu qu'aux époques de convocation des colléges électoraux.

Quant à la reddition des comptes ministériels, elle sera annuelle, et le conseil suprême en réglera le mode.

DROIT COMMUN.

Tout Français majeur, payant une contribution quelconque, qui ne pourra être annuellement au dessous de 5 fr., est, par le fait, comme par ceux de la naissance et du domicile, citoyen actif d'une commune, participant à ses charges comme à ses droits.

Le titre de citoyen actif, premier degré des diverses élections qui peuvent aller jusqu'à celle du chef de l'État, étant imprescriptible, nul Français n'en peut être distrait.

Mais il est des cas où, pour le maintien de l'ordre et de la morale publics, les exercices du droit commun seront restreints à ce premier degré. En voici provisoirement quelques cas :

1° A perpétuité,	Pour quiconque aura survécu à une tentative de suicide ;
2° Pendant 15 ans,	A dater de leur majorité, pour leurs enfans et petits-enfans ;
3° Pendant 20 ans,	Pour les duellistes qui ont survécu à la rencontre, n'y aurait-il même pas eu de jugement ;
4° Pendant 15 ans,	Pour les témoins ;
5° Pendant 10 ans,	A dater de leur majorité, pour les enfans des uns et des autres ;
6° Jusqu'à parfaite réhabilitation,	Pour tout banqueroutier et failli, et leurs héritiers directs n'ayant pas renoncé à leur succession ;
7° Pendant 15 ans,	Pour leurs enfans établis, et 10 ans pour les mineurs ;
8° Idem,	Pour leurs associés n'étant pas en nom ;

9° Pendant 9 ans,   Pour tout accusé condamné trois fois en police correction- nelle;

10° Pendant 5 ans,   Pour tout contrevenant à l'or- dre public, ayant subi cinq condamnations de justice de paix;

11° Pendant 10 ans, Pour tout auteur d'émeute pu- blique, livré par ses compli- ces mêmes;

12° Pour tout Français ne sachant ni lire ni écrire.

Seront au contraire électeurs de droit :

1° Tout citoyen actif non compris dans les excep- tions ci-dessus, ayant, sur certificats légaux, sauvé la vie à l'un de ses semblables, ou rendu un ser- vice notable à une localité quelconque;

2° Tout contribuable payant 300 fr. d'imposition;

3° Tout chef de manufacture ou d'atelier, tout in- dustriel occupant plus de cent ouvriers;

4° Tout officier de la garde nationale.

Seront éligibles de droit :

1° Tout contribuable payant 2,000 fr. et plus d'impositions;

2° Tout littérateur ou musicien ayant eu trois ou- vrages dramatiques de premier ordre, en trois ou cinq actes, favorablement accueillis du public, à un grand théâtre, par plus de cent représentations ;

3° Tout auteur d'ouvrages utiles d'au moins mille pages, ayant eu une deuxième édition ;

4° Tout artiste peintre, sculpteur, graveur ou auteur de plus d'un ouvrage jugé de main de maître par leur hiérarchie ;

5° Tout avocat, avoué, médecin, et généralement tout professeur d'un état libéral, ayant plus de dix-huit ans d'exercice honorable ;

6° Tout chef de fonctions administratives, cléricales, civiles, militaires, judiciaires, les exerçant honorablement depuis dix ans ;

7° Tout citoyen enfin qui, sans être d'aucune des classes ci-dessus, en sera jugé digne par sa hiérarchie.

Bien entendu qu'aucun des privilégiés ci-dessus n'aura le droit de s'absenter de chaque collége, où il devra assister pour en surveiller et en valider les opérations ; autrement il perdra son privilége et subira les chances du vote commun.

Les femmes veuves ou célibataires, payant 300 fr. d'imposition, auront le droit de désigner un électeur.

Celles payant 2,000 fr. et plus, un éligible.

Tout citoyen actif et par conséquent de tout degré, tout Français majeur, faisant partie d'une hiérarchie quelconque, devra être muni, de la hiérarchie à laquelle il appartiendra, d'un certificat sur parchemin, indiquant son âge, son lieu de naissance, sa profession, son domicile. Ce certificat lui tiendra lieu de passeport pour voyager et se présenter partout dans les assemblées de sa hiérarchie, et sera légalisé par qui de droit.

MARQUES DISTINCTIVES.

Dans l'intérêt du commerce, et comme marques distinctives, depuis le dernier échelon jusqu'aux sommités sociales, et dans tous les services publics, il y aura des broderies en or, argent, soie ou laine, suivant les grades.

NOBLESSE ET PRIVILÉGES.

Ces dernières considérations me forcent de dire un mot de la noblesse, dont je vois avec peine la décadence parmi nous.

Il est sensible que ce n'est que par suite et en récompense des services rendus à l'État qu'il a été établi des distinctions entre les individus ; et naturellement les privilégiés, par suite de leur influence, ont dû tendre à rendre ces distinctions héréditaires dans leur descendance. Qu'en est-il résulté? que, par suite des temps, dans beaucoup de familles, ces descendans n'ont plus représenté leurs illustres ancêtres que par leurs noms, et que l'éclat de l'anoblissement, source de tant d'émulation, n'a fait que dégénérer et dans ses possesseurs et dans l'opinion publique.

Les Duguesclin, les Clisson, les Bayard, pourraient n'être représentés aujourd'hui que par des Robert Macaire. Cependant il faut des distinctions dans tout État, dans une monarchie surtout, telle citoyenne qu'elle veuille être.

Laissons au temps à amener les titrés mêmes de l'ancienne noblesse comme la nouvelle à apprécier leurs oripeaux pour ce qu'ils valent, et attachons les distinctions moins à l'individu qui dégénère, qu'à la fonction publique qui ne change pas; rendons-la même moins lucrative qu'honorable; elle aura peut-être moins de compétiteurs : ce sera toujours autant de gagné pour les mœurs et pour l'État!

Que l'éclat de la fonction rejaillisse sur son gérant, mais seulement sur lui; la manière dont il aura géré continuera sa bonne ou mauvaise renommée : si ses descendans veulent en jouir, qu'ils s'en rendent dignes, en méritant les suffrages de leurs concitoyens.

Mais que, depuis le garde-champêtre jusqu'au père conscrit, la noblesse ne s'acquiert que par les

services rendus à l'État : alors cesseront les en-
vieuses clabauderies contre les fonctionnaires publics et l'espèce de proscription inconcevable dont
ils sont stigmatisés.

Mais, dira-t-on, vous allez faire des fonctions publiques la pâture d'un autre monopole ; du tout : la
fixité, les hiérarchies, la presse, ne sont-elles pas là ?

Enfin, puisqu'il faut des appâts même au mérite,
ne pourrait-on pas baser des degrés d'un nouvel anoblissement, à partir des colléges électoraux jusqu'aux
échelons des hiérarchies gouvernementales ? C'est
une matière que, *comme toutes les autres*, je laisse
à approfondir à de plus habiles.

Passons à nos hiérarchies.

HIÉRARCHIES.

D'après les insinuations précédentes, si ce n'est
aux yeux de la loi, l'égalité entre tous les hommes,
et par suite entre les citoyens, n'étant qu'une déception, une absurdité nées de l'orgueil et de la
convoitise ; — comme la naissance, la position sociale, les capacités, le cens, la figure même, etc.,
établissent naturellement des inégalités dans les
rapports sociaux, non seulement envers la société,
mais encore de citoyen à citoyen ; — qu'ainsi que
dans le corps humain chaque membre, chaque or-

gane, pour contribuer au bien du tout, n'a pas pour cela l'importance du cœur et de la tête;

Il faut classer, concilier ces inégalités, en dirigeant leur portion d'utilité au bien général.

De là naît la nécessité non seulement d'hiérarchies, mais de gradations hiérarchiques, à partir de la commune.

CLASSIFICATIONS DES HIÉRARCHIES

SOCIALES.	LOCALES.	GOUVERNEMENTALES.
Ecclésiastique.	La Commune,	Cour des Comptes.
Judiciaire.	Le Canton.	Cour de Cassation.
Administrative.		Conseil d'Etat.
Civile.	L'Arrondissement.	1re Chambre, dite des Députés.
Militaire.	Le Département.	
Agricole.		2e Chambre, dite des Pairs.
Propriétaire.	La Province, avec leurs	
Capitaliste.	Maires, Présidens,	Conseil suprême ou Conclave.
Commerciale.	Sous-Préfets, Préfets, Gouverneurs,	
Industrielle.		Ministre.
Artistique.	et leurs Conseils respectifs.	Conseil privé du Roi.
Prolétaire.		Le Roi.

CONSIDÉRATIONS GÉNÉRALES.

Par la seule énumération des hiérarchies, on voit, pour continuer la comparaison du corps humain, quels sont aussi les membres, les viscères, les vertèbres du corps social ; mais, qu'encore bien que, dans leurs ressorts, toutes, par leurs fonctions, contribuent à sa vitalité, il doit y avoir des catégories, non seulement en elles, mais entre elles, et surtout un agent suprême qui, comme l'âme, sans être absolument dans leur indépendance, doive exercer, plus ou moins directement sur elles, une influence souveraine.

Telle est la monarchie comme je l'entends, c'est à-dire que le roi règne et gouverne avec des conseils que le pays s'administre.

S'il est besoin de revenir sur mon idée un peu abstraite, de la nécessité de catégories hors et en dedans des hiérarchies, n'est-il pas sensible que toutes les hiérarchies, quoique indispensables, n'ont pas toutes la même importance, et que, dans telle ou telle hiérarchie, je suppose l'ecclésiastique ou l'industrielle, le curé ou le vicaire n'est pas l'égal de son évêque, pas plus que l'échoppier et le petit tisserand ne le sont du négociant armateur et du grand manufacturier ?

Il convient donc, il importe que, pour les convocations générales des colléges, il y ait dans chaque localité, à partir de la commune, établissement reconnu d'hiérarchies, et, dans chaque hiérarchie, classement gradué des votans, pour que tous les intérêts soient représentés ; que chacun, tant dans les élections au choix de la localité que dans celles au choix du gouvernement, y puisse voter dans sa sphère, avec connaissance de cause et sans trop d'influences étrangères, avec la liberté surtout de donner sa voix à tel ou tel membre de son choix : ce qui rétablira, dans plus d'un cas, ce patronage des anciens, source d'union, de protection, et de dévoûment.

Chaque hiérarchie, dans les localités où il en sera reconnu l'utilité, aura un bureau administratif, où les intérêts d'un chacun seront pris à cœur, et qui devra être en correspondance avec les divisions respectives du conseil supérieur de la province.

Au moyen de ces rapports hiérarchiques, de ces liaisons protectrices, le malheureux, le faible seront moins isolés ; l'individualisme perdra de sa sécheresse envieuse, le *moi* de son égoïsme ; et la police, qui n'est malheureusement dans notre société qu'une institution hostile et inquisitoriale, deviendra, par la suite, un hors-d'œuvre. — Au lieu d'agens toujours soupçonneux et suspects, et entretenant parmi les concitoyens l'esprit de méfiance, de mésestime et la dépravation, il suffira de censeurs choisis parmi les plus dignes, dont les mœurs exemplaires seront la première autorité, et qui d'ailleurs, n'ayant que la voie des admonitions orales et des remontrances amiables, ne livreront aux tribunaux les contrevenans à l'ordre public qu'après avoir épuisé celles de la longanimité.

C'est surtout dans les corporations d'ouvriers que

j'ai été à même de voir les heureux effets de cette influence toute fraternelle.

NATURE DES HIÉRARCHIES.

Dans les chapitres suivans, comme dans tout cet écrit, l'auteur, n'ayant fait qu'obéir à une impulsion irrésistible, à un devoir de foi, de souhaits et d'amour envers son Dieu, son prince et son pays, demande grâce pour le tout, ne hasardant ses idées que comme provisoires, pouvant en provoquer de meilleures, et ne se dissimulant pas toutes les imperfections réglementaires dont son inexpérience doit les rendre susceptibles.

Hiérarchie ecclésiastique.

Par ses fonctions, comme par son caractère spirituel, cette hiérarchie doit être indépendante. Cette indépendance ne sera, selon moi, vraie et honorable que quand le pays aura pu reconnaître, dans son intérêt même, comme dans sa justice, l'obligation d'indemniser le clergé de la spoliation de ses biens, et de l'autoriser, par des mesures quelconques, à pouvoir se subvenir à lui-même.

Elle sera donc indépendante, au moins dans son administration intérieure, dans l'exercice de ses fonctions, dans ses efforts à ramener le Français au respect et à l'amour de ses ancêtres pour cette religion si belle et si vraie, ayant soin pourtant, dans ses fonctions relatives aux baptêmes, aux mariages et aux sépultures, de ménager les susceptibilités des fidèles, et de concilier le plus possible les lois canoniques avec celles de l'Etat, de manière à éviter toute scission dangereuse.

Les nominations aux archevêchés, aux évêchés, aux suffragans, aux grandes cures, devront avoir l'approbation du roi.

Les séminaires seront, au besoin, attachés aux archevêchés, aux évêchés, qui auront encore le droit d'élever des maisons d'éducation, et celui d'inspecter les colléges, pensions et institutions, sous le rapport des mœurs, des études et de la religion.

Prétendre astreindre à ses seules fonctions, reléguer dans son seul ministère, le citoyen qui préside aux principales époques de notre vie, qui catéchise et instruit nos enfans, guide et éclaire nos consciences dans les voies de la morale et du salut, ce n'est que la prévention de l'orgueil et de l'envie se cachant sous le manteau d'une hypocrisie philosophique.

En attendant qu'il nous fournisse de nouveaux Suger et Richelieu, d'autres Bossuet et Fénelon, le clergé, comme tous les autres citoyens, participera aux élections publiques et gouvernementales.

Hiérarchie judiciaire.

A moins que le temps ne nécessite dans cette hiérarchie des réformes et des améliorations désirables, et, par exemple, d'en rendre, comme jadis, les hautes fonctions purement honorifiques, elle conservera son organisation générale : toutefois, une réforme urgente est appelée dans les frais de justice, les lenteurs de la procédure, et l'antre de la chicane.

Seront nommés par le Roi les présidens des cours et tribunaux, sur la liste des candidats présentés par la cour supérieure, qui, pour les autres degrés, nommera, à la majorité des voix, sur les listes des candidats présentés par les hiérarchies respectives.

Hiérarchie administrative.

Seront nommés par le Roi le gouverneur, le président du conseil supérieur de la province, les préfets, les présidens des conseils généraux de préfecture, les maires des grandes villes. Les autres fonctionnaires le seront dans les neuf dixièmes restant des votes de chaque degré.

Hiérarchie civile.

Je compose cette hiérarchie de tous les emplois

relevant de tous les ministères et administrations qui en dépendent.

Moins libérale que l'administrative, n'étant composée que de membres salariés, par la multiplicité de ses ramifications, elle n'en est pas moins importante. — Ses classifications seront d'autant plus faciles, que chaque corps d'emplois a ses membres respectifs ; et ces membres, étant disséminés dans toutes les localités de la province, seront naturellement classés dans les cinq divisions, où ils voteront hiérarchiquement.

Les sommités de chaque corps d'emplois seront à la nomination du Roi, de même que les chefs de division ; les autres seront choisis par les directeurs sur une liste de candidats présentés par l'hiérarchie compétente.

———

Hiérarchie militaire.

Par la mobilité et la dépendance de sa nature, cette hiérarchie devant être spécialement sous la direction du gouvernement, son organisation, dans toutes ses branches, sera maintenue telle qu'elle est, sauf à décentraliser le ministère et à diviser les services pour la promptitude des rapports et des expéditions.

Malgré ma répugnance, mon démon, qui me dicte toutes ces billevesées, me pousse à faire ici une observation à qui de droit. — Ne conviendrait-il pas

qu'il n'y eût qu'un état militaire, à savoir, la garde
nationale, divisée en garde sédentaire et en garde
active? Alors... mais je fais grâce au lecteur des idées
saugrenues de mon démon à cet égard.

Tout officier ou soldat en semestre ou en congé,
au moment des élections, pourra assister à son collége respectif; et il pourra être délivré, par le ministre, des permissions à tout militaire payant le
cens.

Hiérarchies agricole, propriétaire, capitaliste,
artistique.

Ces hiérarchies, par leurs facultés purement pré-
somptives et leur indépendance, n'auront, dans l'assemblée des colléges, qu'à s'occuper du classement
de leur hiérarchie; ou, si le mode offre des difficul-
tés trop grandes ou des inconvéniens, qu'à voter
collectivement, à moins que pour la classification
elles ne préfèrent prendre pour bases les cotes
d'impositions.

Hiérarchies commerciale et industrielle.

Moins indépendantes que les dernières, ayant déjà
leur chambre de commerce et leurs prud'hommes,
elles pourront aussi prendre pour bases de leurs
classemens les cotes d'impositions; mais il devra

leur convenir que leurs conseils respectifs correspondent avec un conseil supérieur au chef-lieu de la province.

Au moyen des almanachs royaux et de commerce, il me semble que ces six dernières hiérarchies peuvent, suivant les localités, établir leurs classemens et conseils.

Hiérarchie prolétaire.

Pour ne pas être propriétaire, pour ne pas payer même 5 fr. d'imposition, pour n'être qu'hommes de service, de peine et de sueur, les membres de cette hiérarchie n'en sont pas pour cela des ilotes, n'en sont pas moins Français, et doivent participer aux droits de ce beau titre. Par leur consommation seule ils paient à l'État leur part de contribution, et, comme les autres citoyens, ils jouiront du premier degré d'existence sociale, c'est-à-dire, de citoyens actifs, si ce n'est en corps d'hiérarchie, du moins comme partie adhérente à toutes les autres.

Ainsi, dans chaque commune, tout citoyen non censitaire, ou compris dans les réserves du droit commun, ou ne faisant partie d'aucune hiérarchie organique, votera avec celle dont il aura fait choix, s'il n'est pas déjà attaché à quelqu'une par quelques liens de dépendance.

Par exemple, le sonneur, le bénitier, le commissionnaire qui y est attaché, le mendiant, etc., voteront dans la hiérarchie ecclésiastique;

Le garçon de charrue, le moissonneur, etc., dans la hiérachie agricole;

Les garçons de bureau, dans leur hiérarchie respective;

Les domestiques, les commis et autres employés analogues, dans celle de leurs maîtres ou supérieurs;

Les ouvriers, dans celle de leurs maîtres ou supérieurs.

Et que les personnes timorées ou frondeuses ne redoutent de cette mesure ni confusion, ni anarchie; qu'elles se rassurent, en considérant que, par les divisions provinciales, le nombre des votans au premier degré de citoyens actifs par commune, ne sera que de cent cinquante.

———

Toutes ces hiérarchies, qui, depuis la famille et la commune, forment la généralité des citoyens, étant établies, nous allons dresser un état général et divisionnaire de leur classification uniforme et fixe pour une province, lequel, étant applicable à toutes les autres provinces, le sera, de fait, à la France entière.

———

TABLEAU D'UNIFORMITÉ.

HIÉRARCHIES.	POPULATION				
	PAR PROVINCE.	PAR DÉPARTEM.	PAR ARROND.	PAR CANTON.	PAR COMMUNE.
	1,000,000 d'âmes.	100,000 âmes.	20,000 âmes.	10,000 âmes.	1,000 âmes.
Ecclésiastique............	1 Archevêque.	10 Évêques.	50 Suffragans.	100 Gr.–Vicaires.	1000 Cur és ou Des.
Administrative............	1 Gouverneur.	10 Intend. ou Préfets	50 Sous-Préfets..	100 Présidens.	1000 Maires.
Judiciaire................	1 Cour suprême.	10 Cours royales.	50 Tribun. d'appel	100 Tr. de 1re inst.	1000 B. de concil.
Civile. { Contribut. directes..	1 Directeur.	10.	50.	100.	1000.
Id. indirectes	Id.	10.	50.	100.	1000.
Receveurs des financ.	1 Recev. général.	10.	50.	100.	1000.
Payeurs id. ...,	1.	10.	50.	100.	1000.
Enregist. et domaines	1.	10.	50.	100.	1000.
Ponts et chaussées..	1.	10.	50.	100.	1000.
Eaux et forêts......	1 Conservateur.	10.	50.	100.	1000.
Douanes............	1 Directeur.	10.	50.	100.	1000.
Académies........	1 Recteur.	10 grands Colléges.	50 Colléges.	100 Pensionnats.	1000 Écoles.
Police............	1 Directeur.	10 Agens généraux.	50 Commissaires.	100 Sous Commis.	1000 Agens.

Tout cela sauf erreur ou omission et l'indulgence que l'écrivain réclame, ne voulant que faire l'application de son article.

TA BLISSEMENS PARTICULIERS A LA PROVINCE.

La province devant, sous la surveillance tutélaire du Roi, s'administrer elle-même, elle pourra, si
ses finances le lui permettent, créer dans son sein des
établissemens d'agrément ou d'utilité; dans ce cas
de prospérité, elle pourra même, dans l'intérêt de
ses administrés comme de ceux du pays, s'entendre
avec ses voisins pour entreprises de routes, de canaux,
de bateaux à vapeur, de chemins de fer, etc., etc.

D'obligation il y aura dans son sein, sauf les sta-
tuts à rédiger à cet égard pour l'âge et les condi-
tions :

1° Des établissemens de retraite pour les vieillards et invalides de chaque hiérarchie, lesquels établissemens, placés dans des localités convenablement
choisies, seront dotés par des retenues annuelles
exercées, par chaque hiérarchie, sur chacun de ses
membres, suivant ses facultés;

2° Egalement, dans des localités convenables, une
et jusqu'à trois maisons religieuses ou couvens pour
les personnes des deux sexes qui, détachées du
monde, désireront, loin de ses tracas, y chercher le
repos pour s'occuper de leur salut;

Outre les versemens qui pourront être obliga-
toires pour les impétrans, les subventions du clergé
et les dotations, la province suppléera au reste de
dépenses nécessitées pour cet établissement;

3° Une banque, dite provinciale, où seront déposés les taxes et les subventions des établissemens ci-dessus, les legs et les dotations, les dépôts, et qui en paiera les intérêts et redevances à qui de droit ;

Cette banque, dont il est superflu de prévoir ici les ressources que lui procurera son utilité, viendrait, sur les recommandations des hiérarchies et avec la discrétion voulue, au secours des industriels, commerçans ou familles honnêtes qui se trouveront dans la nécessité de recourir à elle.

Ces trois projets peuvent mettre sur la voie des améliorations que la province croira devoir entreprendre dans l'intérêt de ses administrés.

Outre les journaux autorisés dans chaque province, il y en aura deux spécialement ouverts à l'expression de l'opinion et de l'intérêt publics : l'un sera tenu d'insérer dans ses feuilles toute plainte de passe-droit ou déni de justice soit de la part des administrés contre la province, soit de la province contre le gouvernement ; l'autre, les réponses ou réfutations de l'autorité. L'un et l'autre devront mentionner les réparations et satisfactions aussitôt qu'elles auront eu lieu.

Annuellement il y aura dans chaque province, à des époques de leur choix, et coïncidant avec des fêtes religieuses, trois jours de fêtes, dites provinciales, en commémoration d'événemens glorieux à la province, ou de grands hommes nés dans son sein. Les provinces voisines y assisteront par députations.

En conséquence de cette organisation, le bonheur de la province peut beaucoup dépendre d'elle-même.

Si pourtant, ce dont l'histoire ne donne malheureusement que trop de preuves, l'état de sa prospérité jetait une province dans un de ces vertiges d'ambition ou d'indépendance, au point de laisser fomenter ou naître dans son sein des mouvemens insurrectionnels, soit contre une province limitrophe, soit contre le gouvernement, comme de refuser l'impôt, de lever des troupes, etc., le Roi, après en avoir exposé le motif aux yeux de la nation, avant de faire marcher contre elle des forces pour la rappeler à l'ordre, déclarera, pour un temps quelconque, cette province hors de la communauté nationale; et, pour lui faire sentir à elle-même tous les maux de l'anarchie, d'après un sénatus-consulte du conseil suprême, sanctionné par le Roi, toute action administrative et judiciaire sera suspendue dans son sein, les prisons ouvertes aux malfaiteurs et débiteurs, qui ne pourront être repris que pour des délits ultérieurs, ses députés aux trois chambres gouvernementales interdits jusqu'à son retour à l'ordre, après lequel elle n'en sera pas moins condamnée à un châtiment quelconque.

Outre les garnisons que le Roi aura dans chaque province, elle aura une garde nationale organisée et armée qui aura ses postes, et recevra l'instruction militaire analogue à son service. Il pourra y avoir, avec l'autorisation du Roi, des revues départementales à des époques distantes : jamais la province ne pourra se rassembler en totalité.

CADASTRE.

Les provinces, où le cadastre n'est pas encore entièrement terminé, devront s'occuper de son confectionnement ; et, dans les colléges, il devra être annuellement tenu des notes pour que, tous les quinze ans, le cadastre de la France soit fixé à la convocation générale des assemblées électorales.

COLLÉGES ÉLECTORAUX.

Il y aura une première convocation générale des cinq colléges électoraux pour vaquer aux élections, administrations civiles et gouvernementales. Il y sera statué aussi, en assemblée, sur le budget local du collége et sur la fixation de sa part au budget de la province : des commissaires du Roi y auront voix consultative.

Cette mesure, toute pacifique et nationale qu'elle soit, ne laissant pas que de causer dans les esprits et les habitudes locales une certaine perturbation qui peut avoir ses dangers ou au moins ses inconvéniens, ces élections doivent être combinées de manière à ce qu'elle ne soit pas trop fréquemment nécessaire, pour remplir les vides que la mort ou d'autres circonstances peuvent occasionner dans les rangs de tous les fonctionnaires publics, tant des administrations provinciales que du gouvernement.

On verra plus loin qu'au moyen des neuf dixièmes de délégués restant aux quatre premiers colléges, et des soixante-quinze élus de la province par lesquels les vacances peuvent être remplacées, cette utopie a pourvu aux sages prévisions de ce vœu tout national.

C'est pourquoi la plus grande exactitude devra être observée dans les rédactions des procès-verbaux de chaque hiérarchie et colléges électoraux.

Tout fonctionnaire en exercice depuis cinq ans aura le droit d'assister aux assemblées du conseil immédiatement supérieur à celui dont il fait partie, y aura voix consultative et même délibérative dans les affaires qui pourraient intéresser son collége ou sa hiérarchie.

BASES

de la formation des Colléges électoraux d'après la population.

Population de la France : 34,000,000
à déduire :   17,000,000 du sexe féminin.
____

17,000,000
Idem,   10,000,000 enfans.
____

7,000,000
Idem ,   2,000,000 vieillards, déte-
nus , exclus.
____

Effectif :   5,000,000 citoyens actifs
appelés à voter.

Ces cinq millions, divisés par trente-trois ou trente-quatre provinces , donneront par province cent cinquante mille votans.

____

1er COLLÉGE. — Commune. — *Citoyens actifs.*

On vient de voir que les cinq millions de citoyens, divisés par trente-quatre provinces, donnent par province cent cinquante mille votans ; or, comme ci-dessus, la province étant divisée en mille communes, ces cent cinquante mille votans se réduisent, par commune, à cent cinquante ; et la commune, n'ayant à élire qu'un dixième de ses membres, ce ne sera que quinze délégués par commune : soit cent cinquante que les dix communes formant le canton auront à lui envoyer.

Il me semble que ce chiffre ainsi fractionné et subdivisé encore par les hiérarchies respectives, ne laisse à craindre ni confusion, ni anarchie, ni intrigue, ni menée de monopole ou influence étrangère, et qu'il en est de même des opérations suivantes.

Il est entendu que pour la commune, ainsi que les autres colléges, les neuf dixièmes restant de votans fourniront aux remplacemens ainsi qu'aux élections locales, soit directes, soit sur listes de candidats.

———

2e COLLÉGE. — Canton. — *Candidats à l'électorat.*

Les cent cantons qui forment la province, ayant reçu chacun cent cinquante délégués de leurs communes respectives, les cent cinquante mille votans de la province se trouvent déjà réduits à quinze mille, opérant chacun à part, comme la commune, conformément à leurs rapports avec l'arrondissement, ils lui enverront chacun la moitié desdits cent cinquante délégués qu'ils ont reçus : soit soixante-quinze candidats à l'électorat.

3e Collége. — Arrondissement. — *Électeurs.*

Les cinquante arrondissemens, qui ont reçu chacun de leurs deux cantons cent cinquante délégués, soit sept mille cinq cents candidats à l'électorat, enverront aux dix départemens, chacun son cinquième, trente délégués : soit mille cinq cents électeurs.

4e Collége. — Département. — *Éligibles.*

Les dix départemens, qui ont reçu cent cinquante délégués, soit mille cinq cents électeurs, enverront à la province leur dixième : soit cent cinquante éligibles.

5e Collége — La Province. — *Élus.*

Enfin la province, cinquième et dernier collége, aura reçu en définitive cent cinquante éligibles pour noyau des hiérarchies gouvernementales qu'elle doit contribuer à former.

Si, en suivant le mode actuel, il ne s'agit que de continuer à envoyer au gouvernement cinq cents députés, chacune des trente-quatre provinces n'aura qu'à envoyer aussi son dixième, soit quinze élus qui, multipliés par trente-quatre, donneront les cinq cents députés, et à procéder comme les autres colléges sur ces neuf dixièmes restant.

N'ayant pas qu'une chambre de députés à former, mais bien cinq à six hiérarchies gouvernementales, j'ai laissé la province prendre la moitié du chiffre intégral d'éligibles qui lui ont été envoyés ; soit soixante-quinze élus qui, multipliés par trente-quatre, donnent le nombre de deux mille cinq cent cinquante élus, devant former ces hiérarchies suivant le tableau ci-après, page 53.

OBSERVATIONS GÉNÉRALES.

Il est à présumer,

1° Que chaque collége ayant, dans ses envois successifs à son collége supérieur, senti la nécessité de faire choix des plus notables et des plus méritans de ses membres, *autant que possible dans chaque hiérarchie*, il en résultera que les cent cinquante élus de la province, qui devront coopérer à la formation des hiérarchies gouvernementales, seront réellement l'élite de la nation ;

2° Que, s'il est impossible d'éviter absolument ce que l'on appelle l'influence du clocher et du château, la multiplicité des rouages et les intérêts hiérarchiques, en attendant que le vrai patriotisme y domine, rendront dans chaque collége, ou au moins dans leur ensemble, les menées de la coterie ou du monopole bien plus rares et plus difficiles ;

3° Qu'encore bien que la totalité des cinq millions de citoyens actifs soit appelée à voter, la modicité du chiffre fractionné dans chaque collége et par suite dans les hiérarchies, doit rassurer les plus timorés sur les prétendues craintes de confusion et d'anarchie;

4° Que si, dans ce système hiérarchique, on ne se dissimule pas, d'après la pente du cœur humain, qu'il pourra y avoir chocs d'envie et de protection vaniteuses, il est à présumer aussi qu'en rétablissant parmi nous, lentement sans doute, les bienfaits moraux et sociaux de patronage antique, il parviendra à nous guérir de cette lèpre d'égoïsme, d'individualisme, d'antagonisme enfin, nés des préventions orgueilleuses d'une liberté et d'une égalité mal entendues;

5° Enfin que l'uniformité des emplois dans leurs rétributions et la fixité locale qui en résultera, que les bons exemples des notables de telle classe que ce soit, leur vie sédentaire et partant leurs vertus domestiques pourront à la longue ramener le Français, l'intéressante nation française, à la religion, source des bonnes mœurs et du vrai bonheur des peuples.

ARTICLE PARTICULIER.

Dans le cas où Sa Majesté, outre sa garde militaire, daignerait en agréer près d'elle une composée de citoyens de la garde nationale, en suivant une marche analogue à celle des colléges, la province enverra un nombre fixe de citoyens, qui seraient rétribués par elle et pour un temps donné.

ARTICLE UNIQUE ET DERNIER.

Si dans un collége quelconque, hors les hiérarchies respectives, il est reconnu qu'il y ait action partiale d'intrigue et de cabale, sur la troisième admonition du président et la réclamation du cinquième des votans, les votes déjà émis seront annulés, et il ne sera procédé aux élections que par voie du sort.

HIÉRARCHIES GOUVERNEMENTALES.

On a vu ci-dessus que le chiffre de cent cinquante mille votans par province, réduit par les cinq colléges de dixième en dixième, ne présente au cinquième, qui est celui de la province, que cent cinquante éligibles, lesquels, multipliés par le nombre des provinces, soit de trente-trois à trente-quatre, donnent, à quelques unités près, pour le pays, le chiffre de cinq mille votans, millième lui-même des cinq millions d'habitans susceptibles de voter.

Ces cinq millions de votans représentant la nation, et ne pouvant comme elle exercer leur part de prétendue souveraineté que par délégation, il fallait trouver un mode juste et vrai dans son application comme dans son principe, et qui aplanît la difficulté ; je ne sais si j'ai été plus heureux ou mieux inspiré que d'autres ; pourtant je crois qu'il n'y a dans mon utopie ni monopole, ni soustraction de droits, ni déception ; mais au contraire le plus de liberté, d'indépendance, d'ordre et de sécurité possibles, et une manifestation large et légitime du vœu national.

Mais tout n'est pas fini. Que faire de mes deux mille cinq cent cinquante élus ? Comment en former mes hiérarchies gouvernementales ? Voilà plus d'un mois que j'y pense : nous verrons.

SUITE DES HIÉRARCHIES GOUVERNEMENTALES.

Mon but, en prenant la plume, n'ayant été que de chercher si, au milieu du chaos d'opinions où le besoin de la réforme plonge tous les esprits et les intérêts, il n'était pas possible de trouver un plan praticable à l'assiette de cette réforme qui ne doit pas être une révolution. — Ayant toute la conscience de mon extrême infimité dans cette élucubration téméraire, je m'étais arrêté à l'énumération des hiérarchies gouvernementales qui devaient être pour moi l'arche sainte.

D'ailleurs leur coordonnance devant tendre à établir entre elles et le pouvoir, non cet esprit d'opposition que l'on dit devoir être, je ne sais pourquoi, celui du gouvernement représentatif, et qui en ferait seul la condamnation, mais bien l'harmonie, le dévoûment, le point d'honneur, qui sont l'âme de la vraie monarchie et doivent ramener le Français à cet amour, à ce culte que ses ancêtres avaient pour le Roi qu'ils aimaient comme le père de ses sujets, et que, loin de le regarder comme le premier salarié de l'État, ils ne rougissaient pas de l'en appeler le maître ; je pensais que ce n'était pas à la légère que cette matière devait être abordée, approfondie.

Mais mon œuvre restait incomplète, ainsi que la part du tribut que, comme Français, je dois à mon pays dans la crise imminente où l'ont jeté les mauvaises passions des hommes.

Ne pouvant plus lui offrir que le bras débile et le sang refroidi d'un obscur prolétaire aux chants belliqueux et provocateurs de l'enivrante *Marseillaise*, joignons nos vœux et nos efforts pour son bonheur.

Mais que faire de ces deux mille cinq cent cinquante élus ? Comment cette élite de la nation, ces trente-quatre fractions de tous les coins de la France, s'entendront-elles pour former ses conseils ? Étrangères les unes aux autres, et réunies sur un seul point, comme sur le cratère d'un volcan, ne deviendront-elles pas aussi le jouet des vents et des tempêtes, ou, sans figures, de l'intrigue, des partis et même des vanités et des ambitions individuelles ? Qui voudra n'être que de la première chambre ? qui ne se croira pas propre à figurer dans la deuxième, voire même dans le conseil suprême? Faudra-t-il que le sort en décide, mais le sort mettra-t-il chacun à sa place? Cette perplexité m'a long-temps embarrassé, lorsqu'une idée subite et simple est venue me tirer d'affaires.

Qui mieux que la province même peut placer chacun selon son mérite? Individuellement ses élus seront au besoin ses représentans; mais en corps d'État ils seront les conseils du prince, et par conséquent les amis du pays, des intérêts duquel ils seront la fusion.

Nous avons vu que sur les cent cinquante éligibles qui lui sont parvenus, elle en a choisi soixante-quinze, pris autant que possible dans les diverses hiérarchies, eh bien! elle choisira encore elle-même dans ces soixante-quinze élus les membres des hiérarchies gouvernementales :

7 pour la cour des comptes, multipliés par trente-quatre	238
7 pour la cour de cassation, idem,	238
7 pour le conseil d'État, idem,	238
18 pour la chambre des députés ou pour la première chambre,	612
18 pour la chambre des pairs, ou pour la deuxième chambre,	612
18 pour le conseil suprême ou conclave	612
75 par trente-quatre, ci	2,550

(Cette classification n'est pas de rigueur, et l'auteur n'y tient que faute de mieux.)

Voilà donc nos hiérarchies gouvernementales formées : elles n'ont plus qu'à se rendre à Paris, à s'installer, s'organiser ; se prévenir mutuellement de leur constitution, se mettre à la besogne, et la mienne est finie ! Pas du tout, m'a dit mon démon. Tu as voulu aborder les hiérarchies gouvernementales, tu m'entendras jusqu'au bout : les chambres, le conseil suprême, le Roi lui-même, y passeront. Reprends ta plume, écris ! J'obéis ; — et il continue.

Avant de quitter la province, avant même le choix des soixante-quinze élus, la province devra, parmi les cent cinquante éligibles à elle envoyés, nommer une commission de quinze membres, lesquels seront chargés de rédiger un cahier de ses vœux sur les principales bases du gouvernement :

1º Sur la religion de l'État, et les conséquences de cette déclaration;

2º Sur une décision irrévocable et imprescriptible entre les prétentions des gouvernemens légitime, de fait et d'usurpation, à la couronne de France, après en avoir mûrement apprécié la valeur, ainsi que les biens et les maux que, pendant leur durée, ils ont causés au pays;

3º Sur l'assiette et le mode de l'impôt et son indispensabilité;

4º Sur le nombre des colléges électoraux et le mode des élections;

5° Sur le jury, etc., etc.

Lecture faite de ce cahier, et après son approbation, une expédition cachetée et scellée sera remise à l'un des membres des trois premières chambres. Aussitôt les chambres constituées la première opération de la chambre des députés, sera de faire le dépouillement des trente-quatre cahiers des provinces et d'en envoyer le procès-verbal en règle à la chambre des pairs, qui fera le même dépouillement des siens et son procès-verbal qu'elle enverra aussi au conseil suprême, lequel, après avoir constaté l'identité de ces cahiers et des siens, sera libre, quant au second vœu, d'inviter les deux chambres à lui adjoindre une commission, d'appeler même trois conseillers choisis par les compétiteurs, et de prendre une délibération solennelle qui sera exécutée sans appel, soit immédiatement, soit dans un délai donné.

Les compétiteurs évincés devront, soit par eux-mêmes, soit par leurs délégués, reconnaître cette délibération comme le vœu imprescriptible de la nation, et renoncer, tant pour eux que pour leurs déscendans, à toutes leurs prétentions.

Sur les autres vœux généralement exprimés, ledit conseil suprême rendra une décision qui deviendra aussi loi fondamentale.

ATTRIBUTIONS DES HIÉRARCHIES GOUVERNEMENTALES.

C'est au gouvernement à régler ou rectifier, s'il

y a lieu, celles des trois premiers corps d'Etat. Le conseil d'Etat, la cour de cassation et celle des comptes.

1re *Chambre dite des Députés.*

Cette chambre représentera les intérêts des communes et des cantons, qui, ainsi que leurs hiérarchies, y auront des bureaux respectifs ; elle sera chargée de la rédaction préparatoire des lois, pour la confection desquelles elle enverra des commissaires à la seconde chambre, dite des Pairs.

2e *Chambre dite des Pairs.*

Cette chambre représentera les intérêts des arrondissemens et des départemens, et sera chargée de la confection des lois, pour la révision desquelles elle enverra des commissaires au conseil suprême. Elle continuera de faire les fonctions de grand jury national pour les hauts attentats de lèse-majesté et autres, si le gouvernement juge à propos de ne rien changer à cet égard.

Le Conseil suprême, ou Conclave.

Ce conseil représentera les intérêts des provinces, et révisera la confection des lois et arrêtés qui seront envoyés à chaque ministère respectif, pour être soumis à la sanction ou au *veto* du Roi. —

conviendrait-il pas de doubler, de tripler même le nombre de ces fonctionnaires? car il est impossible qu'un homme seul soit chargé et s'acquitte bien de tant d'attributions ; il en résulte des lenteurs et des délais infinis dans l'expédition des affaires, et que ce sont les commis qui administrent et font sentir au pauvre solliciteur tous les dégoûts de la bureaucratie. Pouvant plus et mieux s'occuper de leur ministère, leur responsabilité serait moins illusoire.

Ces seize ou vingt-quatre ministres seront choisis par le Roi, sur des listes de cinq candidats par ministère, dans le sein des deux premières chambres ; le conseil suprême devant se réserver le droit de contrôle et de révision de leurs actes.

LE ROI.

L'Etat est moi, a dit un grand monarque ; et ce mot, qui scandalise encore tant de nos publicistes modernes, prouve que ce grand Roi avait mieux qu'eux approfondi la souveraineté.

Puisqu'en admettant que le peuple soit souverain, ne pouvant exercer lui-même sa puissance, il est obligé de la déléguer : le monarque est donc, en effet, sa personnification.

Aussi par ce seul raisonnement, sans doute, qu'on ne peut se tyranniser, se suicider, toutes nos constitutions même l'ont proclamé inviolable, l'ont reconnu irresponsable des désordres qui, pendant son règne, peuvent peser sur son peuple. Son premier devoir, sa principale étude, est donc de connaître les hommes, de préférer la moralité même au talent, puisque, homme lui-même, quoique tenant la place de la Providence, il est obligé de se décharger sur d'autres de la plus grande partie de ses fonctions royales et tutélaires.

Il doit régner et gouverner. Régner ! par son seul titre de monarque légitime ; gouverner ! comme le père de famille, avec la volonté de ne travailler que pour le bonheur des siens.

Mais il lui faut surtout la liberté dans son vouloir et ses efforts ; autrement il est le plus esclave et le plus malheureux de ses sujets ; il faut que chacun soit à sa place ; il faut unité !

D'après cela, son pouvoir, sous prétexte de pondération, ne doit être ni partagé, ni rivalisé. Certes, qu'il lui faut des conseils, mais des conseils n'ayant que le droit de la plus respectueuse remontrance, privilège commun à tout chef de maison ; c'est en quoi, dans le cas de dissidence ou d'écarts malheureux, le ministère de la presse, libre organe ou écho de l'opinion publique, peut devenir un sacerdoce réel ; tout citoyen, toute hiérarchie, toute autorité pouvant, en cas de déni de justice, de passe-droit, jusqu'à explication ou réparation, en appeler par la voie de la presse à l'opinion publique.

Si dans les chambres ou ailleurs il se formait des partis qui, sous le prétexte de l'intérêt public, organiseraient une opposition contre son gouvernement, le Roi, sur les avis de ses ministres, de son conseil, chargera le conseil suprême de faire une enquête à cet égard, et il sera pris, contre les chefs desdits partis notoirement connus, telle mesure d'ostracisme qui sera jugée nécessaire.

Je n'entreprendrai pas d'entrer dans les attributions royales; régner et gouverner, ces deux mots renferment tout.

Parlerai-je de sa représentation? Qu'il y règne un luxe large, noble et vraiment royal dont, au besoin, le moindre hameau ressente la providentielle influence.

De sa garde? Qu'elle soit belle et nombreuse. Cinquante hommes choisis, pour la tenue et la moralité, parmi tous les régimens de toute arme, autant dans tous les corps de la garde nationale, mais payés de sa propre caisse. De la liste civile? Pas de liste civile! C'est avec ce mot *salarié* que les misérables sont parvenus à désenchanter le prisme de la royauté, à métalliser, tant envers la monarchie, que la religion et son culte, le cœur si généreux du Français.

Et comment, alors? Comment! Je vous entends. La terre ne manque pas en France; outre les biens de la couronne, que dans chaque province le Roi ait un domaine qui l'en rende le plus fort contribuable, comme le premier citoyen ! Que le Roi sache reconquérir l'amour du Français, et loin de la fronder le Français se fera gloire de sa splendeur.

CONCLUSION.

Ainsi, qu'un congrès vraiment national remplace la Chambre actuelle ; que, sous l'influence tutélaire de la royauté par des commissaires, vrais Français, les hiérarchies, comme organes du corps social, soient sagement reconstituées ! — Que le droit commun bien équilibré devienne le catéchisme du citoyen ! — Que la fixité et l'assimilation respective adaptées aux emplois publics, apaisent les convoitises de l'individualisme ! — Que les colléges électoraux dans leur fonctionnement libre et patriotique n'agissent simultanément que pour le bien du tout ! — Que les impôts votés par le dévoûment des localités refluent naturellement par la sagesse de leur emploi à leur avantage respectif ! — Que les grands pouvoirs, vraie fusion des intérêts de tous, se bornant à leurs attributions consultatives et de remontrances, et soient les véritables amis et conseillers du roi ! — Que le Roi règne et gouverne avec une entière liberté dans son bon vouloir !

Tels sont les vœux de l'auteur de cette utopie, bien inoffensive sans doute. Heureux si la malveillance ou la frivolité veulent bien n'y voir

Que le rêve nouveau d'un autre homme de bien !

TABLE DES MATIÈRES.